Irmela Dening

Es ist nicht fern

Gedichte

Irmela Dening

Es ist nicht fern

Gedichte

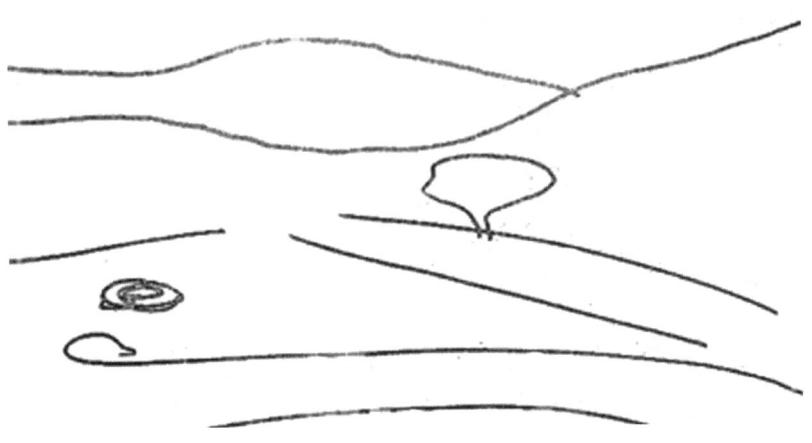

Korrektorat und Layout:

Gertrud Ritter, Runhild Ohm, Peter Hattwig

Titelbild: Eike Ohm

Bibliographische Informationen der Deutschen Nationalbibliothek:

Die Deutsche Nationalbibliothek verzeichnet diese Publikation

in der deutschen Nationalbibliographie;

detaillierte Daten sind im Internet unter http://dnb.d-nb.de abrufbar

Alle Rechte vorbehalten

Copyright © Irmela Dening

Bremen 2015

Herstellung und Verlag:

BoD - Books on Demand, Norderstedt

ISBN 9-783734-787980

Inhalt

I „Fries der Lauschenden"
   zu Skulpturen von Ernst Barlach

II Zu Antipendien in der Fischerhuder Kirche
    von Werner Zöhl

III Zu drei Skulpturen

IV Zu Gedichten des russischem Dichters
    Ossip Mandelstam

V Im Gespräch mit Gedichten
   des polnischen Dichters Czeslaw Milocz

VI Im Gespräch mit Gemälden
    von Emil Schumacher (Auswahl)

VII Es ist nicht fern
     Späte Gedichte

Zu

„Fries der Lauschenden"

von

Ernst Barlach

„Fries der Lauschenden"

Sie alle in der Fremde
sind zugleich daheim in uns.
Hoffnung ist das Tor,
durch das sie in uns eintreten.
Geben wir ihnen Wohnrecht,
so werden wir
mit ihnen Lauschende.

Der Empfindsame

Ein Baum, gewachsen
aus Erde, Regen und Licht,
abgehauen,
zu Boden geworfen
lag er.
Bis eine Hand
und ein Messer
sich annahmen seiner
und ein Geist sich hingab
dem Schmerz des Erschaffens
rastlos.
Bis ein Gesicht
erkennbar wurde
voller gesammelter Kraft
aus Innen.
Bis Stille verströmte
noch aus der leichten Beuge
von Schulter und Hals.

Die Mitte des Baums,
des Empfindsamen Achse
sind eins,
sichtbar hinter den Linien
der Jahresringe.
Die zeichnen so Hand wie Gesicht
mit der Demut des Daseins
aus eines Anderen Willen.

Die Träumende

Hartes, das sie betraf,
ließ sie im Unannehmbaren
jenseits ihres Gewandes.
Das Bild erfahrener Welt
findet die Träumende innen.
Wie Woge den Strand verläßt,
der neu ist zu jeder Flut
und doch den runden
Rand ihrer Spur
zurückläßt den Sehenden,
bleibt uns die weiche Linie
zurückgenommener Kraft
als Anspruch ihres Gesichts.

Der Gläubige

Wer sich ihm nähern wollte,
um Freund zu sein, ertrüge
des Kopfes Neigung schwer,
denn abgewandt
vom Hier und ganz
auf Den bezogen,
der ferne ist und doch
erschaubar seinem Blick,
nimmt sich der Gläubige zurück
aus allem, das ihn noch
berühren will
in diesem Hiervorhandenen.
Selbst noch die Hände, offen
dem Nahen scheinbar zugewandt,
sind Abwehr gegen jeden
Anspruch, außer dem,
geleert zu werden mehr und mehr
und endlich leicht
wie Vögel und Gebete aufzufliegen
dem Licht zu, dessen Glanz
schon jetzt auf Stirn und Wangen
liegt. Berühr' ihn nicht!
Du kannst ihn nicht beschützen, außer
du schonst die Stille,
die sein Werkzeug ist.

Der Wanderer

Er
nun zur Ruh gekommen,
ging fort und fort
durch seine Welt,
ihr Ziel zu finden.
Alles blieb ihm fremd,
was unterwegs er antraf.
Doch die Stimme wuchs,
die rief ihm „Komm!"
Ihr folgend ohne Zaudern
ist er müd' geworden.
Ihn stützt der Stab noch,
der wie Wort ihm Halt war
in den Wandernächten.
Doch zweifelnd, ob denn Sinn sei,
zieht er sich um ihn zusammen
und will nicht mehr weitergeh'n.
Was ihm an Weg verbleibt,
ist Steh'n im Lauschen
auf den ewigen Wind.

Die Tänzerin

Sie hat den Boden leicht
wie Wind und Wolke
berührt und aller Tage Licht
mit ihren Armen, ihren Füßen
eingefangen.
Nun trägt sie nur nach diesem
noch Verlangen:
nachsinnend jenem großen
Schwung der Leidenschaft zur Welt,
Bewegung zu verwandeln
in die leichte
Linie der Erwartung
einer andern Form des Daseins.
Schön
ist die Stille ihr geworden
wie ein Traum den Handelnden.
Vielleicht kommt
eine Stunde, die
ihr aufträgt, ganz aus sich
herauszugeben
das Gesammelte
des jetzigen Augenblicks
im Staunen ihres Sein
und zu verglüh'n.

Die Pilgerin

Was erwartet diese
   zur Seite der Träumenden?
Daß sie die Stadt auf dem Berge
   sähe und alle Tore ihr offen?
Sie wollte allein und ungesellig
   die Ankunft erreichen.
Nun in der Reihe der andern
   erwartet sie nicht mehr als
   ihre inner'n Gesichte.
Sie kehrt sich dem rechten,
   dem schon Begnadeten
   Bruder nicht zu.
Die Vereinzelte lächelt
   und sieht nichts.
Vergessen ist
   Gnade wie Traum.

Der Begnadete

Nein, er will nicht,
daß man ihn erkenne
als von einem Höheren Erkannten.
Blendend fuhr der Wahrheit Strahl
in seinen Geist. Erblindet fast,
will er sich gern verhüllen,
schlug das Licht ihn doch
in Bann. Und wider Willen
wird er denen, die mit ihm
Gemeinschaft haben,
zum Gesandten.

Der Blinde

Er sieht nicht mehr:
Das Elend anderer wie seines
drang auf ihn ein,
bis er vor zu viel Schwere
die Lider über seine Augen zog
und seinen Mund verschloss.
Was er in sich gesammelt aber,
geht nun als Anschein
ausgewogener Stille
uns an, die wir noch seh'n,
in ihm den Bruder seh'n, der
aufrecht noch gehalten,
seiner Krücken
uneingedenk, den Lauschenden
doch zugehörig, bleibt
in unserer Mitte.

Die Erwartende

Die ins Verborgene sieht,
gesammelt ganz
dem Kommenden zu dienen,
bedarf selbst nicht der Geste mehr.
Die Hände ruh'n.
Sie schweigt.
Der Geist berührt sie schon,
den sie erwartet, leicht
wie Sonnenschein auf einer
Knospe, die sich öffnen will.
Das Werdende kommt ihr.
Sie empfängt es still.

Werner Zöhl

Zu Antipendien

der Fischerhuder Kirche

Der Garten Eden

Noch immer lockst du uns,
Baum aus Wasser und Erde,
von der Sonne zum Blühen verlockt,
von Vögeln mit Liedern durchwirkt.

Dein Grün ist das umgreifende Sein,
Heimat dem Menschengeschlecht.
Gewährst du ihm Schutz, so sind
Tanz und Spiel ihr Dank;
und die Ruhe danach
im erquickenden Schlaf
ist wie der Atem des Himmels,
der den Wipfel des Baumes wiegt.

Schön bist du Baum
dem Gott, der dich schuf.
Und die Äonen, die du nicht kennst,
werden dich preisen in Ewigkeit.

Die göttliche Botschaft an Maria

Frau, wenn Er dir begegnet,
der Helle, Strahlende
mit der erhobenen Hand,
erschrick, aber vernimm:
Du bist ausersehen,
die Kette des Lebens weiter zu knüpfen
ins Helle, Strahlende einst.
Auch wenn du nicht weißt,
wohin es dich führen wird,
das verheiß'ne Geschick:
Die Taube ist über dir; spüre:
Nicht wird dich verlassen der Geist,
und sei es im Tod deiner Hoffnung
am Kreuz. Er ist größer
als Menschengeschick. Ob wir
ihn verleugnen oder erkennen,
seine leise Bewegung erreicht uns
in der Gnade der Freude
wie in der Vernichtung durch Schmerz.

Die Krippe

Das Unscheinbare,
das wir nicht seh'n,
es verbirgt sich
im Herzen der Nacht.

Den Gral berühren
heißt sich verbrennen.
Aber ihn staunend verehren
vermag ein gereinigtes Herz,
das zu danken gelernt
und zu hoffen.

Die Nacht der Verleugnung

Eingeschlossen in unsere eigene Enge
wenden wir uns ab vom Geschehen,
das uns zu groß ist.
Erst wenn der Hahn kräht,
erkennen wir wohl das Versäumte
und bleiben schuldig zurück
in unserm beschädigten Selbst.
Das spricht uns nicht frei,
das schreit. Wir in Furcht,
zu schwach zu sein
für die Entscheidung, die nottut,
wenden uns ab und weinen.

Die Dornenkrone

Hier ist nichts, das tröstet.
Dornenkrone, wir
erstarren vor dir.
Nicht uns gilt das Licht,
das dich von oben erreicht;
nur einem, der es wagte,
sie zu tragen.

Ostern

Wenn es denn geschieht,
daß das Grab sich öffnet,
in dem Leben verschlossen war,
jauchze!
Und sieh die Sonne,
das himmlische Leuchten,
das die Schwerkraft durchbricht,
um in dir doch aufzuerwecken,
was weiter geht als dein Tod,
was Ankunft ist ohne Ende.

Pfingsten

Wir staunen, wenn es geschieht,
daß das himmlische Feuer
die dumpfe Erde erschüttert,
und wir verstehen es nicht.

Ein Fragen beginnt, ein Hoffen,
das lange verloren war:
Wirst du mich lieben, Mensch?
Werde ich lieben können,
wie ich geliebt bin?

Wir, miteinander, ergriffen,
wir werden beginnen,
was mühsam zu lernen ist:
Nichts ist vergeblich, wenn
es geschieht in der Gnade,
gewollt und gemeint
zu sein.

Die Frucht bringenden Weizenkörner

Same sein. Sterben.
Nicht erwarten die Frucht.
Sie wird sich ereignen
für die Gesegneten,
die zu empfangen versteh'n
die Lasten des Verzichts
und die das Empfangene
verwandelt verschenken
aus weit geöffneter Seele,
als sei da der Fülle
kein Ende.

Zu drei Skulpturen

Stein
verborgen im Schoß der Erde äonenlang:
Welches Geheimnis schlief in dir ungeseh'n?
Niemand hat es erkannt.

Bis einer den Boden aufbrach
auf der Suche nach seinem Ebenbild.
Der wußte: Immer kann Adam
geschaffen werden aus Erde und Licht,
wenn der Geist ihm befiehlt zu sein.

Nun schaut er mich an, Adam,
den Schmerz des Werdens in seinem Gesicht.
Kaum geöffneten Auges mag er
die Fülle nicht sehen,
in der er bestehen soll,
ist ihm Erkenntnis zu groß,
die ihn zwingen wird,
sich zu entscheiden.

Halb noch im Stein geborgen nur
erträgt er den Gott, der ihn schuf,
und bittet: Nimm mich
zurück in dein Nichts, wenn ich schrei.
Dein Alles, die Wahrheit, wird mich
zermalmen wie Staub.
Es sei denn, du atmest in mir.

Der Buddha spricht
Sieh die Schmerzen der Welt,
aber laß dir genug sein,
zu trösten die Trauernden.

Höre die Klagen der Zürnenden;
aber singe ihnen Lieder
von der Schönheit des Wachsenden.

Spüre das Grollen der Endzeit;
aber bete für die Beschädigten
um Stille in ihren Herzen.

Bleibe ganz Du, so wirst du
denen ein Helfer sein,
die dir nahe sind -

und sie werden dir
Sinnerfüllung und Gnade sein.

Sie springt,
weil sie es will:
ein Ziel, das ihr allein gebührt,
für sie geschaffen,
für sie aufgerichtet.

Sie sieht nicht diese körperlose Tiefe,
die sie empfangen würde, wenn sie fiele,
nicht den Abgrund,
der sie zögern ließe.

Sie will,
wirft ihr Zögern hinter sich,
das Einst wird ihr gehören.

Zu Gedichten des russischen Dichters Ossip Mandelstam

Der Dichter spricht
       I
Ich hab' es nicht gewußt,
wie schön du bist, vergangene Sonne,
die das Grab durchbricht.

Dein Auferstehen will uns einverleiben
in Meer und Wind
und lehren, still zu sein.

Ein Raunen aus den Sphären sagt:
Sieh hin, Mensch! Dein
ist, was noch ist. Du mußt
es nur begehren.

Der Dichter spricht
      II
Und wieder angekommen
wirst du sein,
wenn dir das Maß bewußt,
nach dem du richtest.
Es schimmert in der Blüte
wie im Stein
und ruft dich.
Du bist nicht verloren,
wenn du liebst
das Wurzelwerk
und hebst den Lavaberg
in seine kühnsten Höhen,
die dir ferne sind.
Vergiß, was du gelernt.
Was bindet, laß zerreißen.
Was fällt, laß steigen.
Was beharrt, vergehen.
Und was du nie gesehen,
wird dir Wegspur sein.

Im Gespräch mit Gedichten

des polnischen Dichters

Ceslav Milosz

Ich habe nicht wie du
die Fülle der Welt beschrieben
und durchlitten, nicht
den Schrecken zu bannen versucht,
der aus den Gräbern der Toten steigt.

Mein Umkreis war klein,
und die Dunkelheit der Zeit
machte mich mutlos und verzagt.
Aber ein blühender Apfelbaum
hat mich so wie dich beglückt
und das Wissen hervorgebracht,
daß wir nichtig sind, wenn wir,
was unsere Augen schauen,
als gering erachten
gegenüber den Taten der Menschen.
Was brauchen wir anderes,
um an das Paradies zu glauben,
erscheint es uns doch schon hier
in einem Augenblick der Andacht
vor des Bäumchens Blüte und Frucht?

Du hast viel von Versagen gewußt
und bist noch immer wieder getröstet
von der Gewißheit, daß am Ende
die Rückkehr steht zu dem,
aus dem alles hervorging,
der Kraft des Lebendigen.
Du priesest die Dinge,
die nicht beachteten,
fandest das Schöne
im Augenblick des Jetzt,
und den Ort, wo Äußeres und Inneres
sich treffen als Gnade.
Und soviel du auch littest
mit deinen Brüdern,
nie wurdest du müde, dich aufzurichten
in der Verzweiflung,
damit du nicht untreu würdest
dem Auftrag, zu dem du dich bekanntest,
dem Wahren im Wort zu dienen,
für uns, die nach dir Kommenden.
Und letztlich einverstanden sein
mit dem, was war.

Zurückgelassen
auf dieser trauernden Erde
bilden wir die Fiktion eines Gottes,
um suchen zu können
einen höheren Sinn, der verspricht,
auch ohne Engel im Dickicht der Zeit
Wege zu finden,
auch wenn kein Ziel erscheint.

Du aber weißt, was der Verirrte erwartet,
es wird sich erfüllen
in der Vision derer
die hoffen, wenn sie
beschwören das Bild ihrer Engel.
Und willst auch ihre
beschädigten Flügel preisen.

Wir aber staunen
über die Schönheit der Worte
deines Gedichts
und möchten sie festhalten
als Unzerbrechliches,
das uns geschenkt ist
für unseren Weg.

Und wenn er schwiege,
weil Worte nichts ändern können:
Wer oder was füllte die Stelle aus,
die Orte, die kahl blieben ohne Gesang,
und wo wären Bilder,
die unsere erkalteten Seelen trösteten,
wenn sie sich bewußt werden
ihrer mangelnden Souveränität
mit den Dürstenden?

Doch der Dichter weiß,
daß uns Trost ist
der Versuch zu benennen,
was innen – noch ohne Worte –
ins Licht will. Und darf die Liebe
zu dem verschwiegenen Schönen
für uns, die ihm lauschen,
zum Klingen bringen.

Genug gesagt über das, was ich dachte.
Was fehlt ist die einfache Beschreibung
jener Dinge, die jeder sieht.
Sie betteln mich an, statt ihrer zu reden,
damit ihr Leiden nicht vergeblich sei
und ihre Schönheit unsere Herzen erreicht.
Aber ich beschwöre lieber das Schattenspiel
eines Baumgerippes,
ehe die Sonne untergegangen ist
und nur die staubige Straße zurückläßt.

Nein, die kleinen Dinge sind zu mächtig,
als daß ich ihrer Beschreibung würdig wäre.
Bin ich lieber still und schau,
was mir einfällt, um ehrfürchtig zu sein.

Alle Worte fliehen
vor dem Zugriff,
der sie halten will,
wenn die Zeit leer wird
und nichts Sichtbares
erscheint beim Untergang des Lichts.
Du lehrst mich Vergänglichkeit, Stille,
die aus dem Müll des Alltäglichen aufsteht,
zu tilgen das sinnlose Streben
eines sinnlosen Verlangens,
und erstickst meine Worte
mit einer Milde
die mir zukommt
aus einem Irgendwo,
das ich noch immer verehre.

44

Im Gespräch mit Gemälden

von Emil Schumacher

Auswahl

Was willst du behalten
beim Hinübergeh'n,
jenseits der Linie, die trennt?

Wird dein Herz leer sein
von allem, das jemals dein war?

Oder werden die Farben,
die dir erschaffen, leuchten,
das Leid wie das Wunder,

damit du getrost die Fülle erfährst,
wo du den Schrecken erfuhrst,
dort sei das Nichts?

Der Keim der Schöpfung
eingehüllt von der Nacht,
hält sich verborgen,
bildet Form um Form,
erscheint als Seinsgestalt
in jedem, das entsteht,
hier in der Zeit, als Wunder.
Fülle, die vergeht
und doch ein Ewiges verkörpert:
Andacht. Ehrfurcht.

Tao
Name dessen
der ohne Namen ist

Pfeil der Erkenntnis
zwischen Traum und Bewußtheit

Amen inmitten
von Daseinsschmerz
Gesang des Kosmos
der unsere Herzen berührt

Allen Geschehens Mitte
Anfang und Ende
Höhe und Tiefe
Tao

Suchend,
verwirrt,
auf dem Urgrund Sprache
finde ich
zuweilen,
wenn sie mir geneigt ist,

die verborgene Botschaft
weiß auf schwarz,
was gilt.

Immer wieder durchbrochen
die Suche, ein Ganzes zu werden.

Im Gleichgewicht der Waage
Trauer und Glück.

Kein Stillstand, sondern
Schritte der Zuversicht.

Ob da ein Ausweg
im Irgendwo jenseits des Blicks?

Halte dich nicht fest
an dem, was dir immer gehörte.
Zerbrich das Gewohnte,

um im Unvollkommenen
den Impuls zu entdecken,
der dich auf das verweist,

was unter dem Vordergrund
sein geheimes Wesen erprobt.
Du findest das Zeichen *Jetzt*
im Zerstörten; aber es blickt
dich an: Auch ich bin Du.

Des Chaos Macht,
die alles Licht verschlingen will,
ist doch durchdrungen
von der Kraft der Form,
die Adern zeichnet
in das dunkle All.
Und hin und wieder
dringt durch die Strukturen,
die wir im Schwarz erkennen,
Helligkeit aus Blau und Weiß.
Sind sie die Boten eines Anders-Seins
aus Geist und Liebe?
Sie finden, sie erfinden
macht uns frei.

Inmitten der Gestalten des Hier
erfahren die Nicht-Gestalt,
den Nicht-Klang hören
OM, Atem der Erde.

Das Wahre leuchtet dir schön
im Anschauen des Unsichtbaren,
das dich mit Fülle beschenkt,
die du annimmst wie Segen.

Hören

den Donner der Ewigkeit

und erschrecken:

Wird noch ein Lesbares sein

unter den Trümmern

uns' rer Symbole?

Vielleicht ein noch nicht

geschlossener Kreis?

eine Kette aus Zahlen?

eine Tierspur im Sand?

Kein Yin und Yang.

Oder vielleicht doch

in der Bewegung

von Dunkel und Helle?

von Blau und Weiß?

von Klang und Stille?

Danach
wird der Kosmos weinen.
Wohin,
was ihn einst geziert
voller Lust und Leben?

Zurück bleibt:
Die Chiffre des Schmerzes
vergeht nicht.
Ins Leere geworfen,
hallt noch ihr Echo
im kahlen Raum.

Ich höre
und bebe
mit ihm.

Was mich voranzieht,
ich kann es nicht nennen;
aber ich spüre den Schwung
aus dem Nichts in das Nichts
als heilige Kraft:

Hiersein ist Glück.

Das Schwarz der Zerstörung
bricht nicht die Lust des Gelingens,
hier auf der Erde zu sein.
Sie braucht kein Woher und Wohin,
kein Anderswo.

Verborgen im Dunkel
bleibt unsichtbar
das Geheimnis des Werdens.

Unser Erkenntnisbegehren
dringt nicht in seine
unberührbare Stille.

Doch unsere Ahnung sagt:
unangetastet
vom Zugriff unseres Wollens

geschieht uns das Wunder
neuer Geburt,
das uns zugehörig macht

dem Immer-Wirkenden
des Alls.

Unser Wünschen unser Wollen
ist zur Ruh gegangen.

Aber die Spur unserer Hoffnung bleibt
wie die Linie am Horizont.

Kommende werden sie beschreiten
als ihren Weg in das von ihnen
Gewollte:

Dem Absurden zu widerstehen
mit der Kraft ihrer Herzen.

Unsere Liebe möge mit ihnen sein.

Wenn nur noch ein Knoten
Schwarz verbleibt
auf farblosem Grund,
ist es Zeit zuende zu gehen.

Doch noch mit dem letzten Atemzug
sind wir geneigt zu hoffen,
Einer oder Etwas werde schließlich
die Lösung finden, die da sein muß
im sinnlosen Sein
als Gral, der uns ruft:
Komm und sieh!

Sieh nur das Blau
wie Himmel hinter Wolken:
Es läßt sich nicht fesseln,
obgleich von Zäunen umstellt
wie das Schöne, wie Hoffnung, wie Glück.
Unser Wollen sehnt sich nach ihm,
will die Zäune durchbrechen,
die es umstellen,
will, daß Freude erscheint
als Zuversicht ins Gelingen,
als Anwesenheit unerwartbarer
Wirklichkeit.

Wie wird es sein,
wenn selbst die Farben schwinden,
die das Bild der Welt gemalt,
wenn nur noch Spuren einstigen Tuns
von Schöpferlust erzählen, die Konturen schuf,
die wir noch schwach erkennen?

Da scheint nichts Festes mehr zu sein.
Wir müssen ohne feste Wahrheit leben.
Doch ist mit Form und mit Gesetz
hier auch das Schwarz vergangen.
Wir sehen Helle, weiße Bogen,
die sich über keine Ferne spannen -
nur noch Zeichen, das wir deuten sollen.

Ganz Gegenwärtigkeit, und nichts,
was ihre Stille aufhebt,
wenn wir sie geschehen lassen.

Nichts ist so dunkel, daß nicht
ahnbar wäre eine Helle, die sie überwinden
wird, wenn die Zeit kommt.
Advent heißt, auf sie vertrauen, ihr
entgegensehen. Oder doch auf sie zu hoffen.

Kein Ort, sich zu verstecken
vor den Schrecken des Morgen
ist unser Heute.

Häuser, die wir errichtet,
sind nicht unerschütterbar;
Brücken, die wir gebaut,
können zerbrechen.
Unsere Schuld des Versäumens
verdirbt uns den Schlaf.
Wo finden wir, was wir
von jeher gesucht,
verläßliche Heimstatt?
Bei einem Du, das uns annimmt?
In einem Wir, dem wir trauen?

Die Farben und Formen der Fülle
vergehen nicht;
aber ich seh' sie nicht mehr.
Ihr Tönen bleibt für mich stumm.

Bleiben sie dennoch
in meinen Adern
Impuls des Lebendigen, der
sich ständig wandelnd –
den Kosmos bewegt wie das Ich,
wie das Licht und die Leere?

Meine Sinne verweigern sich, doch
eine unbegreifliche Freude
erscheint zuweilen als plötzliches Glück
ich weiß nicht warum und woher –
ein Etwas, das weh tut
und mich bedrängt.

Doch laß ich es ein
und heiß es willkommen
es sei wie es wolle –
als mein.

Wir haben nichts mehr
zu wollen, als einverstanden zu sein
mit dem Abschied, dem nahen,
am Rande zum Unsichtbaren.

Nur Zeichen, kaum noch erkennbar,
und ein wenig Blau wie
eine unbekannte Verheißung

und die spürbare Nähe
eines anderen Grenzenlosen
macht uns gewiß:
Es ist gut so.
Wir sagen danke,
gelebt zu haben.

Es ist nicht fern

Späte Gedichte

Werden und Vergehen

Lebendig sein
wie ein Funke, der aufstrahlt,
in einer Sekunde der Ewigkeit
und bald wieder eingeht
in die große Einheit des Seienden.
Schweigen empfängt ihn,
wenn er verglüht.
Aber wie ein Ton wird
die Stille schwingen.

Wintertag

Bleib, Dunkelheit,
mir unerschlossen.
Die Sterne sagen nicht,
wie tief das Universum ist.
Sie schicken uns nur Zeichen,
die wir nicht verstehen.
Wir deuten sie vielleicht
als Hinweis auf ein Ungeheures,
das niemand kennt
und doch verehrt und fürchtet
als Grund und Ziel der Sehnsucht,
die nie endet. Doch:

können wir es lieben?
Ich hoffe, ohne Hoffnung,
daß ich als Teil des großen Seins
ein Einzelnes gemeint bin,
und daß es mir gewogen sei.

Es - Ich - Du

I

Du bist in dem was ist
im Tod, in der Geburt, im Wandel;
Du bist in jedem Schmerz, in der
Verzweiflung, in der Liebe;
Du bist auch, wo Gewalt und Stärke,
wo Zerstörung ist und Untergang;
Du bist auch das Absurde, Nichts zu sein
und doch in allem
Aufruhr und Geduld,
Verzicht und Anspruch,
Wille, Tat, Versagen,
bist die Sekunde und die Ewigkeit.

Fortsetzung nächste Seite

Es gibt dich nicht:
wer wollte dich beweisen!
Und was bewiese es, wir nennten
dich bei Namen?
Im Yin und Yang bist du allein
der Motor ihres Kreisens,
im OM der Atem deiner Allgewalt.
Da ist kein Ort, wo ich dich fände,
doch in jedem reinen Wort erscheinst du mir.
Ich höre deine Stimme in mir schweigen.
Ihr Echo läßt die kalte Welt erblühen.
Wenn ich von dir nichts seh'
kann ich dich dennoch lesen,
und wenn ich nichts mehr bin,
ist es noch gut, daß ich in dir gewesen.

Es - Ich - Du
 II

Etwas war einst. Impuls,
der das Universum gebar.
Etwas ist. Heute. Im Kampf
zwischen Werden und Untergehen.
Ich: eine Sekunde
im Äon der Zeit,
weiß nur von mir,
daß ich vorübergeh,
doch nicht, wohin.
Was hier mir geschah, es war
in der Anwesenheit eines Gottes,
den ich nicht mehr finde.
Verschwunden sind seine Gestalten,
die mir einst nahe waren,
die mich gelehrt und geleitet,
die Freiheit versprachen von Schuld
und verhießen Barmherzigkeit.

                    Fortsetzung nächste Seite

Kein liebender Vater
in weiser Gerechtigkeit.
Bemühen und Versagen
zwischen Liebe und Schuld,
nicht wissen, wozu ich hier bin.
So in die Welt gekommen,
so sie wieder verlassend,
wenn die Zeit kommt,
dennoch sie erwartend in Stille.

Es ist gut so; ich weiß dies:
Die Kraft, die in allem ist,
sie ist der Impuls, der mich leitet,
und dem ich gehorsam bin.
Dasein ohne Bedingung.
Verstehen ohne Antwort auf Fragen.
Vertrauen auf Sinn in Geduld.
Erwarten das Nichts ohne Traum.
Zuendegeh'n:
Ein anderes Dasein erfahren.

Das große All bewegt sich.
Ich als sein Atem
bin ein Bewegtes
wie die Sterne und das Meer.

Was ist des Menschen Freiheit
als sein höchstes Gut?
Selbst ein Bewegendes zu sein,
sich seiner selbst bewußt,
damit der Puls des Lebens
niemals endet?

Ich fühle schwer die Pflicht,
noch hier zu sein,
und kehrte gern
in diese große Ruhe ein,
die alle Irrsal endet, die nah,
nur Licht und Stille ist
mich verwandelt
in ihr Schwingen,
in ihr Schweigen.

Im Nichts
ist keine Farbe,
ist kein Laut,
auch nicht Bewegung. Pause.
Atemzug und Atemzug.

Ist dennoch NICHTS die Mitte
allen Seins, die den Impuls gebiert,
Werdende zu schaffen?

Ist DASEIN das Gefäß,
das dieses Nichtsein in sich faßt,
sein Rand, zerbrechlich, doch zugleich
an Fülle reich und Formen?

Wir erschrecken: Was ist Sinn?
Heißt dies erfahren auch,
zu Grund zu gehen?

Pfingstgedanken

Wohl manche Nacht war Dunkel
um das Unbegreifliche.
Des Universums Ausmaß schreckt
den, der erkennen will.
Des Kosmos Pracht und Unermeßlichkeit
verwirrt die Sinne, daß sie schmerzen.

Die Welt der Menschen: Gegensätze,
die sich wie Yin und Yang zusammen
um die Mitte dreh'n.

Doch wo bin darin ich, das kleine Etwas,
das sich sehnt, an der Versöhnung teilzuhaben,
die möglich sein muß, weil es Liebe gibt?
Ich wage Du zu sagen zu der Kraft,
die mich aus Stoff und Geist erschaffen.
Ihr Atem ist ja, der mich
zu einem Du gemacht.

Wieviel ich auch gesucht,
geirrt, zurückgekehrt,
im Kreis gegangen,
mich im Ausweglosen hab' verfangen,
mich in der Mitte wähnte
und zum Grunde wollte:

Der Augenblick der Pause ist
ein Atemzug des Nichts,
der mich erfüllt
und wortlos macht.
Kein Ich, das spricht, ist wirklicher
als dieses So-Sein ohne Namen,
als dieses Nichts, das leuchtet
und mir Frieden gibt.

Mit welchem Namen immer
wir dich nennen: Du bist
ein Es, ein Du, ein Ich –
Impuls und Gnade.

Ich suchte dich.
Ich fand dich und verlor dich.
Du warst mir nah
im Nichts der dunklen Tage
wie im Licht des Glücks,
von dir erfüllt zu sein.

Mit Worten wollte ich dich preisen.
Mit Schweigen wollte ich dir offen sein.
Und nun, am Ende meiner Zeit
auf dieser Erde, begehr ich nichts
als noch ein Atemzug in dir zu sein
und spurlos zu vergeh'n.

Du Vielbenannter, Vielgestaltiger
Impuls des Seins:
dein hundertster Name ist Schweigen.

Ich darf ihn finden
im Rauschen des Windes
wie in der Sonnenspiegelung auf dem Fluß,

aber auch im Dunkel der Seele,
wenn du dich darin verbirgst
wie der Same winters im Erdreich

wortlos, unauffindbar dem Taglärm,
und doch in sich verwandelnd
die Kraft des Blühens, die unvergängliche.

Schweigend will ich dich ehren
mit allem, was lebt. Aber doch auch dies
kleine Lied anstimmen, weil ich Mensch bin.

Es ist nicht fern, das Unbekannte,
das wir suchen außen sowie innen
in allem, was in jeglicher Verwandlung
bleibt bestehen.

Wenn sich die Sinne schließen,
spür ich dies Da-Sein hinter allem An-Schein
als Einziges, das wirklich ist
und ohne Ja und Nein
ein Unvergleichliches, das jenseits
von Verstehen und Glauben.

Nichts brauche ich, um des gewiß zu sein,
als frei zu werden von dem Ballast,
der mich abhält, es zu spüren
ohne Anspruch auf Erkennen.
Und mich anheim zu geben.
Ich bin sein.

Ich kenne es nicht,
aber ein Etwas ist da,
das mich nicht läßt.
Ich spür es im Wind, der mich streichelt,
im Schein der Sonne, wenn sie mir zulacht.

Ich spür es in einem Menschen, der mir gut ist
als seine wärmende Hand,
Trauer als sein dunkles Gesicht
und den Schmerz der Völker als seine Qual.

Doch in den Abenteuern des Geistes
fordert mich sein Anspruch an mich heraus.
Ist es mir doch auch der Durst in meinem Mangel
und die Sättigung in dieser tiefen Ruhe,
wenn sie mich füllt wie das gelassene
Wasser eines Sees den wartenden Grund.
Danke, daß ich es erfuhr:
ein Unerkennbares Bewegendes
in mir in allem Da-sein
ist Schmerz und in ihm zugleich Glück.

Vergessen
Da war der Wille,
zu erkennen, was gilt,
umzusetzen das als wichtig Erkannte,
nicht müde zu werden
in den Schlingen der Hoffnung.

Da war das Verlangen, gut zu sein,
wieder aufzustehen unter Steinen,
die ich mir selbst aufs Herz lud
und den Sonnenaufgang zu begrüßen
als sei er der letzte.

Nun weiß ich nicht, ob die Tage,
die noch kommen mögen,
ein Erwartetes bringen
oder nur eine offene Frage sind,
auf die ich die Antwort
noch immer suche,
und ob mir beistehen wird,
was mich von jeher getröstet hat.
Ohne Gestalt wohnt es in mir.
Muß ich auf Worte verzichten,
um seine ganze Schwere zu spüren?
Oder fliegt es leicht: wie ein Vogel im Wind
vor mir her in mein Irgendwo?

und zuweilen singe ich ihm

Du, an den ich nicht glaube:
Überall begegnest du mir.
Ich lebe aus dir.
Ich atme dich ein: du bist Leben.
Mein Glück ist dein Lächeln,
mein Kummer dein Schmerz.
Mitleid mit den Leidenden
ist deine Trauer um unsere Welt
und der Aufruhr gegen das Unrecht
dein Zorn.
Aber meine Lust auf Wahrheit
ist deine Freude,
und meine Hoffnung auf Zukunft
ist dein Gesang.
Die Nähe zugewandter Menschen
ist dein wärmendes Gewand, und
Dunkelheit, die mich verdüstert,
ist der Schatten, den dein Licht wirft.
Wenn ich gegen ihn kämpfe,
berührst du mich
und machst mich gelassen.
Ja, wenn ich dich denke,
gibt es dich nicht.
Aber meine Sinne erfahren dich
überall als Wunder,
und nichts ist mir näher
als deine Gegenwart. – Amen –

Aber ich kann doch
Du sagen zu dem Blatt,
das vom Baum fällt wie ich,
und zu dem Regentropfen,
der in den Kelch einer Blüte rollt.
Zwar der geschändete Stein der Straße,
von Vielen getreten Tag für Tag,
ringt mir noch immer kein Wir ab,
und der Durst, unangetastet zu bleiben,
ist in mir noch nicht erloschen.
Die Farben Weiß und Rot und Grün
sind noch nicht im Grau des Alltags erstickt.
Ich darf sie noch preisen.
Und das Rauschen von wer-weiß-woher
will noch immer in mich dringen
auf daß ich seine Botschaft entziffere.

So wie die Ahornblätter
über mir die Sonne trinken
und wie die Wasserfläche
glitzernd spiegelt das Licht,

ist meine Seele heute
dem Dunkel abgewendet,
und was sie niederdrücken will,
hat kein Gewicht.

Daß Israel und Palästina sich bekriegen,
daß Tod und Unrecht herrschen
an so manchem Ort:
es lastet auf mir,
möchte mich erdrücken.

Für diese heutigen Sommer-Augenblicke
wische ich sie fort.
Sind sie auch flüchtig,
sind sie doch ein Schein,
der mich erquicken will,
und läßt mich stille sein.

Ich weiß, daß ich nichts weiß,
doch eines: daß die Welt zu Ende geht
und mit ihr alles, was wir „ewig" glaubten,
was wir geschafft, betrauert,
auch was wir befürchtet.
So sei es nun genug,
den Augenblick zu lieben
ob er uns Leere oder Fülle ist,
es liegt an uns, wofür wir
in ihm da sind in der Zeit,
die uns gegeben ist.
Ihr Ende – alles wird vergehen,
Kosmos, Ich und Sein –
im Atemzug des Jetzt
erfüllt sich uns ihr Sinn.
Nicht zu erkennen, doch
zu preisen. Und getrost zu sein.

Oft denke ich,
es sei in mir still geworden,
das Nicht-Erlebte nicht mehr ein Makel,
das Nicht-Getane nicht mehr Schuld
und das Nicht-mehr-Gewollte auch
zugleich das Nicht-Gewesene.

Aber das Denken ist trügerisch, so erfuhr ich:
Da rumort immer noch
in der Tiefe, der unsichtbaren,
eine Klage in verschwebendem Ton.

Du hast noch Worte zu sagen – flüstert sie –,
die nicht gesagt sind. Laß sie zu, laß
sie leben! Ob sie dir gefallen, was zählt es.
(Wer will das schon wissen.)
Frag nicht danach. Sie wollen ja
ein Wasser werden, das nicht mehr ruhen will,
versandend im sperrigen Boden
deiner Biografie. Laß sie Quelle werden
vernehmbar dem Tag. Vielleicht bescheint sie
des Nachts ein Stern. Oder jemand horcht
und bückt sich nach ihr mit leerer Hand.

Was ich gedacht,
gewünscht, gewollt:
vor dir ist es wie Hülle,
die zu Staub zerfällt.
Nackt bin ich
unter deinem Blick,
der mich gebar ins Leben.
Nackt bin ich wieder
wenn die Kleider alle,
die ich trug,
stofflos zerfallen sind.

Wirst du mich ansehen,
so? Vom Stoff verlassen?
Wird noch ein Ich sein,
das du finden kannst?
Mir muß genug sein,
dich zu ahnen,
wenn noch Atem ist,
und dich zu spüren,
wenn es dunkelt:
Licht, das nie vergeht.

Was hinter dem Tor,
im Jenseits, dem wir
hier schon angehören,
und aus dem wir einst gekommen,
ohne es zu kennen?

Der Nicht-Ort ist es,
ohne Zeit und Raum,
der unser Erden-Ich
zunichte macht,

und doch den Kern des Seins
der uns geschaffen,
neu hervorbringt
zu veränderter Gestalt.

Geburt: aus welcher Kraft
geschieht sie?
welchem Ziel entgegen
strebt das Gewordene?

Wir müssen es nicht wissen.
Wir sind getrost: das alles schaffende
Geheimnis bildet und entbildet uns
zu der Person, Gestalt, die ihr gefällt.

Wir dürfen ihr vertrauen ohne Angst-
und fröhlich sein, weil sie viel größer
ist als unser Sehnen und Begehren
und wir ihr angehören jetzt und immerdar

Raum des Geistes
Ich spür' ihn
wie Wasser, Sonne und Luft
anwesend, doch nicht zu fassen,

und weiß, meine Sehnsucht danach,
in ihm zuhause zu sein,
ist nur das kleine Teil Ewigkeit,
das uns Menschen gewährt ist.

Und doch der Weg in das Licht,
den wir finden wollen,
solange wir leben.

Sind wir aus ihm gekommen,
bevor wir waren unter den Menschen?
Führt es uns an ein Ziel,
an dem wir nichts mehr begehren,
als in ihm zuhause zu sein?
Schon es zu ahnen ist Tröstung.
Kurz ist die Zeit bis dahin,
doch durchleuchtet von Zuversicht,
die wir nicht lassen wollen.

Es gibt Gott nicht,
aber ich lebe aus ihm.

Stille

Ich atme, fülle mich mit Sein.
Die Vibration des Kosmos
kommt in mir zur Ruh'.

Ich mache meine Augen zu
und lausche auf die Stille,
die sich im Innersten verbirgt.

Ein Etwas ist sie,
das dem Nichts die Waage hält,
ein Nun, das bald vergeht,
doch lange leuchtet.

Was ich noch möchte,
ohne zu wollen,
ehe es Nacht wird.

Membran sein,
die Boten empfangen,
mit offenen Sinnen:

das Licht und
den Schmerz.

Verzeichnis der Texte

5   Inhalt

7   Zu „Fries der Lauschenden" von Ernst Barlach

8   Fries der Lauschenden
9   Der Empfindsame
10   Die Träumende
11   Die Gläubige
12   Der Wanderer
13   Die Tänzerin
14   Die Pilgerin
15   Der Begnadete
16   Der Blinde
17   Die Erwartende

19   Zu Antipendien von Werner Zöhl

20   Der Garten Eden
21   Die göttliche Botschaft an Maria
22   Die Krippe
23   Die Nacht der Verleugnung
24   Die Dornenkrone
25   Ostern
26   Pfingsten
27   Die Frucht bringenden Weizenkörner

29 Zu drei Skulpturen

30 Stein

31 Der Buddha spricht

32 Sie springt

33 **Zu Gedichten des russischen Dichters Ossip Mandelstam**

34 Ich hab' es nicht gewußt,

35 Und wieder angekommen

37 **Im Gespräch mit Gedichten des polnischen Dichters Ceslav Milosz**

38 Ich habe nicht wie du

39 Du hast viel von Versagen gewusst

40 Zurückgelassen

41 Und wenn er schwiege

42 Genug gesagt

43 Alle Worte fliehen

45 **Im Gespräch mit Gemälden von Emil Schumacher**
Auswahl

46 Was willst du behalten

47 Der Keim der Schöpfung

48 Tao

49 Suchend

50 Immer wieder durchbrochen

51 Halte dich nicht fest
52 Des Chaos Macht
53 Inmitten der Gestalten des Hier
54 Hören
55 Danach
5´6 Was mich voranzieht
57 Verborgen im Dunkel
58 Unser Wünschen, unser Wollen
59 Wenn nur noch ein Knoten
60 Sieh nur das Blau
61 Wie wird es sein
62 Nichts ist so dunkel, daß nicht
63 Kein Ort, sich zu verstecken
64 Die Farben und Formen der Fülle
65 Wir haben nichts mehr

67 Es ist nicht fern
Späte Gedichte
68 Werden und Vergehen
69 Wintertag
70 Es – ich – du
    I Du bist in dem, was ist
71 Fortsetzung: Es gibt dich nicht
72 Es – ich – du
    II Etwas war einst. Impuls
73 Fortsetzung: Kein liebender Vater

74 Das große All bewegt sich
75 Im Nichts ist keine Farbe
76 Pfingstgedanken
77 Wieviel ich auch gesucht
78 Mit welchem Namen
79 Du Vielbenannter, Vielgestaltiger
80 Es ist nicht fern
81 Ich kenne es nicht
82 Vergessen
83 Und zuweilen singe ich ihm
84 Aber ich kann doch
85 So wie die Ahornblätter
86 Ich weiß, daß ich nichts weiß
87 Oft denke ich
88 Was ich gedacht
89 Was hinter dem Tor
90 Raum des Geistes
91 Stille
92 Was ich noch möchte

Weitere Veröffentlichungen von Irmela Dening

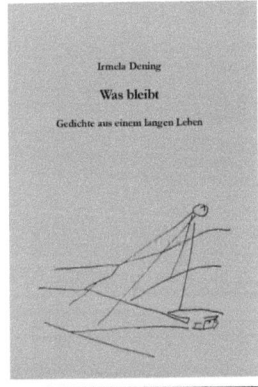

Was bleibt
Gedichte aus einem langen Leben
2013

Zu beziehen im Buchhandel
ISBN 978-3732235988

Die Innensaite des Hier
Gedichte
2010

Zu beziehen über
Tiamat S. Ohm
info@emotional-dance-process.de

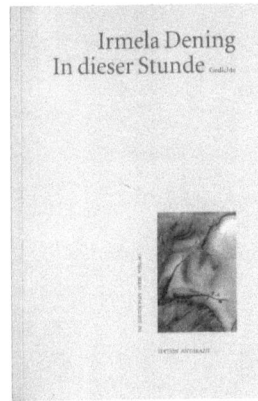

In dieser Stunde
Gedichte
2008

Zu beziehen im Buchhandel
ISBN 978-3895147654

Unterwegs im Zwielicht

2005

Zu beziehen im Buchhandel
ISBN 978-3881322799

Immer ist heute

Gedichte
2000

Wahrnehmung der Augenblicke

Gedichte
1992

Zwischen Ahnung und Gegenwart

Meditation bei Frieling

1991

sondern ein Atemzug

1980

Etwas und Du

Gedichte und Meditationen

1968